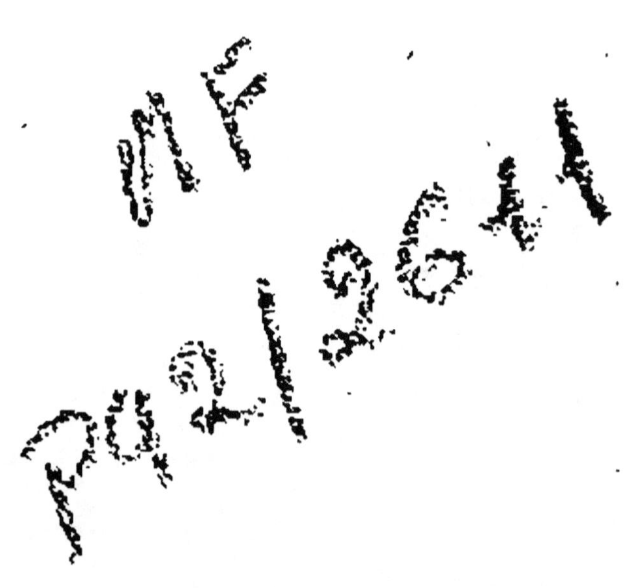

Lk 12
39

MŒURS

DES TROIS COULEURS

AUX ANTILLES,

OU

LETTRE DE LA MARTINIQUE, SUR LES VICES DU SYSTÊME
COLONIAL DANS LES COLONIES FRANÇAISES.

A PARIS,

IMPRIMERIE DE MIGNERET, RUE DU DRAGON, N.º 20.

1822.

MOEURS

DES TROIS COULEURS

AUX ANTILLES.

Saint-Pierre, le 9 juin 1822.

M.

Avant de vous donner mon opinion sur les vices du système Colonial que j'ai essayé de vous développer dans ma première lettre du 1.er septembre 1819, insérée dans le 11.e volume de là Bibliothèque historique, 3.e cahier, page 147, il me semble nécessaire de les prouver par des faits

et par des exemples ; ils sont toujours plus élo-
quens et plus clairs que toutes les Théories ima-
ginables, dont l'exposé ne frappe jamais autant
que les résultats. *Toujours jouir et ne rien conser-
ver*, ai-je dit, fut l'esprit des premiers aventuriers
des Antilles ; il a peu changé, il a pris seulement
des développemens plus étendus, et il a engendré
tous les désordres qu'il devait naturellement pro-
duire, et tous les malheurs de ces derniers temps ;
voilà précisément le texte de la peinture que j'ai
à vous faire des mœurs d'une Colonie ou des in-
clinations vicieuses de ses habitans , dont la pros-
périté ne peut exister ni se maintenir avec une
aussi grande corruption.

« La puissance absolue porte dans sa nature un
» poison si subtil, que les Despotes même qui s'em-
» barquent pour l'Amérique, ne tardent pas à s'y
» corrompre, » a dit Raynal. Que penser à plus forte
raison de la corruptibilité de ceux qui y naissent?
L'Européen va épouser une Créole dans la Colonie, ou le Créole va épouser une Européenne à
Paris, qu'il emmène en Amérique; cet usage ne
date que de 1749 à Saint-Domingue. (*Voyez* le
précis de Clausson, page 18), et un peu avant
dans les autres Colonies; jusques-là, il fut indif-
fférent aux Créoles d'épouser des Européennes
ou des femmes de couleur, quoique ces dernières

obtinssent une préférence toujours très-marquée ;
mais quand il leur a été défendu par l'usage et
par un préjugé humiliant, de revendiquer le titre
d'épouses légitimes, elles se sont empressées de
reconquérir cette préférence sous le titre de maîtresses et de maîtresses adorées ; car, où il n'y a
point de loi expresse qui défende, et lorsqu'au
contraire toutes les lois de la Métropole permet-
tent le mariage des gens de couleur libres avec les
Blancs, le préjugé ou l'usage ne sont qu'un joug
plus accablant qui fait naître le désir le plus vif
de le secouer, et de se mettre au-dessus, *nitimur
in vetitum*.

Du reste, si depuis cette époque, les Créoles
ont commencé à regarder comme une infamie
d'appartenir en quelque chose aux gens de couleur sous le rapport des liens du sang, ils n'ont
pas pour cela dédaigné de sucer leur lait, d'esti-
mer leurs soins et leurs charmes, en prenant
leurs femmes pour nourrices, et la beauté de leurs
filles, comme l'objet de leurs plus tendres com-
plaisances.

C'est ici la première et la plus dangereuse in-
fraction qu'on ait faite aux sages dispositions du
Code noir ; elles défendent expressément de regarder la vertu des esclaves comme la propriété du
maître, puisqu'elles ont su réserver à ces malheu-

reux comme la portion la plus précieuse de leur liberté, l'intelligence, les affections de l'âme et les mouvemens naturels du cœur.

Cependant cette barrière que le législateur a mise si à propos entre le vice et l'innocence, est franchie tous les jours sans scrupule. Que dis-je ! cette horreur devient trop souvent un objet de spéculation et d'intérêt aux yeux du Despote avare qui la regarde comme un moyen direct de reproduire et de multiplier ses esclaves, d'augmenter sa richesse, et d'étendre sa propriété.

Dirai-je que l'inceste abominable d'un père avec sa propre fille, n'est pas la dernière borne à cette atroce corruption ; plusieurs exemples vivans l'attestent encore aujourd'hui même dans toutes nos Colonies ?

Combien de maux découlent comme une suite nécessaire d'une immoralité si profonde !

Les dames Créoles sont belles et très-fécondes ; on en voit beaucoup qui deviennent mères de dix à douze enfans, même avant l'âge de 28 ans, fraîches et parées de toutes les grâces de la jeunesse (C'est une erreur de croire qu'elles soient vieilles à 30 ans) ; rarement infidèles, elles sont jalouses jusqu'à la fureur ; solitaires dans leurs habitations, éloignées de toutes les occasions, elles sont à l'abri de tous les dangers de la

galanterie ; mais elles ne sont que plus clair-
voyantes sur le goût humiliant de leurs maris pour
les Négresses ; devenant alors despotiques et inexo-
rables , il ne leur coûte rien d'ordonner des châtimens dont leur sensibilité ne pourrait même
supporter la vue. Ces cruels châtimens n'en sont
pas moins irrévocablement exécutés ; et contre
qui ? souvent et trop malheureusement contre
une rivale qui sait mieux que cette furieuse maî-
tresse jusqu'à quel point l'amour le plus vif du
Sultan de la case les lui a mérités, et qui ne
manque pas d'après ces châtimens mêmes, de se
considérer comme la favorite la plus séduisante
et la plus aimée de toutes les *Odalisques* du
Harem.

Le plus noir ressentiment de sa part, et la vengeance la plus atroce, sont dissimulés pendant des
années. Les enfans naturels croissent à côté des
enfans légitimes, et sont attachés à leurs petites
personnes comme des menins le seraient à des
Princes ; prêts à prévenir jusqu'à leurs fantaisies
les plus injustes, ils redoutent jusqu'aux cris qui
toujours doivent leur attirer des châtiments.

Mais *la Lice* ne tarde point à remarquer qu'à
travers mille souffrances, ses petits sont devenus
grands ; elle sent la nature parler d'autant plus
fortement à son ame ulcérée, une rage d'autant

plus vive qu'elle a été plus long-temps dissimu-
lée, bouillonne au fond de son cœur et éclate
enfin, mais d'une manière si perfide et sous des
dehors si trompeurs, que ce n'est le plus souvent
qu'après que toute une belle famille, la mère et
les dix enfans, de race blanche, ont été mois-
sonnés et ont péri successivement à petit feu,
qu'on s'aperçoit de l'effet du poison le plus subtil
et le mieux calculé. Le Maître est presque toujours
à l'abri de ce terrible et affreux développement
d'une vengeance, quelquefois nourrie pendant
plus de dix ans, parce que les Nègres ont la superstition de croire que leurs vénéfices n'ont pas
de pouvoir sur le Maître de la case ; mais à quels
remords, à quel désespoir ce malheureux ne doit-il
pas rester en proie pour n'avoir pas prévu des
suites aussi funestes de ses amours honteux et dé-
sordonnés, surtout quand une foule de pareils
exemples ont pu l'en instruire d'avance et le pré-
munir contre les dangers de son inconduite ?

Ce n'est pas assez ; tous les Nègres de l'habita-
tion et tous les bestiaux périssent par l'effet de
cette rage qui ne s'assouvit et ne paraît satisfaite
que quand le Monstre qui en est l'auteur peut
jouir du plaisir cruel de voir son Maître privé de
tout et réduit au dernier degré du malheur.

C'est ainsi que le plus riche habitant de la Martinique s'est vu réduit dernièrement, de 7 à 800 Nègres qu'il possédait, et qu'il avait perdus par le poison, à n'avoir pas assez de crédit pour trouver à St-Pierre 30 portugaises à emprunter.

Voilà, certes, des motifs bien puissans d'abandonner et de fuir cette terre de désolation et de mort ; aussi les Créoles prudens s'empressent-ils de passer à New-Yorck, à Londres ou à Paris avec tous leurs enfans, afin de les y élever et de n'être pas exposés au danger de les perdre dans la Colonie.

Mais la soif de l'or les y ramène toujours et leur fait braver les dangers les plus imminens.

Se douterait-on jamais qu'un vice de galanterie si ordinaire, et pour ainsi dire indifférent, pût avoir des conséquences aussi terribles en Amérique ?

S'imaginerait-on qu'une disposition purement morale du Code noir, étant ainsi violée, il en résultât le bouleversement de la société toute entière. Voilà les effets du despotisme, dont les simples velléités, comme du temps de Lucrèce et de Virginie, entraînent des crimes et des forfaits ; je m'abstiens de vous en développer toute la suite, ce n'est plus qu'un tissu d'horreurs toutes les fois qu'on veut soumettre aux lois de la politique et de la morale civile, ce qui ne devrait être jugé que par les lois de la nature et enseveli dans le plus profond oubli; car, que sont ces malheureux esclaves? des hommes de la nature et non de la société. Après avoir violé soi-même le Code noir fait exprès pour eux, on veut les juger par le Code de la société civilisée, qui est fait pour les maîtres et non pour les esclaves; et dans cette enquête que sollicite la fureur et qu'octroye la plus atroce injustice, on viole sans scrupule toutes les formes protectrices de l'innocence, les soupçons sont mis à la place de la vérité ; ils sont d'abord soumis à des supplices anticipés : on employe des tortures pour leur arracher des aveux; il n'est pas jusqu'à la superstition la plus grossière à laquelle on n'ait recours pour tâcher de découvrir les auteurs du poison; des sorciers et des Pithonisses sont consultés, et leurs réponses sont des jugemens de mort; et de la part de qui? toujours de la force contre la faiblesse, et le plus souvent du crime contre l'innocence ! ! !

L'attachement particulier du Maître est toujours la garantie de l'ancien objet de sa passion, et vingt victimes quelquefois sont sacrifiées avant qu'il puisse se résoudre à punir la vraie coupable dont il ne peut se dissimuler qu'il est le complice nécessaire. Le Carpiquet est un supplice affreux à décrire; mais le cachot où l'on étouffe les prétendus coupables, est une voûte comme celle d'un four à rase terre, sous laquelle on les ensevelit tout vivans; on en muraille l'entrée de l'épaisseur de trois à quatre pieds de maçonnerie, et après le temps nécessaire pour mourir de désespoir, de rage et de faim, on déclare à l'autorité que le Nègre, ayant avalé sa langue, a été trouvé mort dans sa prison.

Quand le poison a eu lieu généralement dans plusieurs habitations d'un quartier de la Colonie, cela devient une affaire d'État; les prévenus sont saisis sur la simple déclaration ou sur les soup-çons du Maître de chacune; on les livre à des tor-tures, on leur inflige des Carpiquets à la geôle; sur leurs aveux ou sur des témoignages arrachés, par lesquels ils déposent les uns contre les autres; sans défenseurs, sans jurés, ils sont condamnés sur la conscience des juges, qui le plus souvent sont parens de leurs accusateurs, et qui ne se récu-sent jamais.

Il y a peu d'années que, sous le gouvernement du général anglais Charles Wâles, un Autodafé eut lieu au quartier de la Basse-Pointe, à la Martinique. 40 de ces malheureux furent brûlés vifs en pré-sence de tous les juges en habit de cérémonie, des milices assemblées et de tous les atteliers de Nè-gres des environs, aux yeux desquels on voulut

développer un appareil terrible et donner un grand
exemple; ils subirent tous cet affreux supplice
avec le plus grand courage; un d'eux, à moitié
brûlé, montra une fermeté peut-être plus grande
encore que l'illustre chef des templiers, Jacques
Molay; on voulut profiter des douleurs cuisantes
qu'il éprouvait, pour lui arracher quelque aveu;
il répondit fermement à ceux qui l'interrogeaient,
qu'il n'avait rien à dire, et qu'on achevât de le
brûler; sa conscience était tranquille, et celle de
ses juges ne l'était pas.

D'où l'on conclura que le maître et l'esclave
doivent se considérer réciproquement comme les
plus cruels ennemis, qu'ils sont dans un état de
guerre perpétuelle, qu'il ne peut y avoir de tran-
saction ni de traité solide entre le despotisme et
l'esclavage.

Voilà les effets horribles de la soif insatiable de
l'or; mais quand on réfléchit avec sang-froid, on
s'aperçoit que toutes ces horreurs ne sont point la
faute personnelle des hommes, mais bien des cir-
constances dans lesquelles le sort ou un Gouvernement impolitique les retient forcément et mal-
gré eux. Les Créoles, les Mulâtres et les Nègres
n'ont rien de plus méchant que les autres hommes; ce n'est que quand ils se trouvent ainsi dans
les chaînes d'une situation contre-nature, que des

vices abominables développent des résultats épou-
vantables; placez-les dans un état libre, au milieu
d'une société civilisée, au lieu de ces vices, les plus
belles qualités se montrent et peuvent fournir le
texte des éloges les plus mérités et les plus flatteurs.

En effet, « s'ils cessaient un jour, dit Raynal,
» en parlant des Créoles, d'avoir des Nègres pour
» esclaves et des Rois éloignés pour maîtres, ce se-
» rait peut-être le peuple le plus étonnant qu'on
» ait vu briller sur la terre; l'esprit de liberté
» qu'ils puiseraient au berceau, les lumières et les
» talens qu'ils hériteraient de l'Europe, l'activité
» que leur donneraient de nombreux ennemis à
» repousser, de grandes populations à former, un
» riche commerce à fonder sur une immense cul-
» ture; des États, des sociétés à créer, des maximes,
» des lois et des mœurs à établir; tout cela ferait
» d'une *race équivoque et mélangée*, la nation la plus
» florissante que la philosophie et l'humanité puis-
» sent désirer pour le bonheur de la terre. »

Les Mulâtres provenus du mélange du sang Européen et Africain, quand ils sont libres ou qu'ils
viennent en France, développent dans la société
les qualités les plus estimables; bons pères, bons
maris, ils se distinguent encore par l'éclat des talens et du courage; dans l'ordre civil comme dans
l'état militaire, on les a vus et on les voit tous les

jours se piquer d'émulation, et se montrer par un esprit juste et une bravoure à toute épreuve, tout aussi recommandables que respectables par leurs mœurs et leur probité; soit qu'ils aient été généraux, colonels ou officiers, dans tous les grades, leurs compagnons d'armes connaissent la justice qui leur est due; soit qu'ils aient été ou qu'ils soient négocians, tous ceux avec lesquels ils traitent, savent apprécier leur fidélité et leur exactitude; ils sont donc susceptibles comme tous les autres hommes, d'être gouvernés, et de se rendre dignes de tous les devoirs et des avantages, et de toutes les relations sociales, dans lesquelles ils peuvent exister; cela est si évident, qu'il n'est pas besoin de le prouver, encore moins de le démontrer; des exemples vivants nous l'attestent tous les jours.

Les Nègres qui viennent en France, ou qui obtiennent leur liberté, quoique leur couleur inspire une répugnance dont les plus civilisés, même parmi les Blancs, ont de la peine à se défendre, ne sont cependant pas si monstres qu'ils sont noirs, Beaucoup ont trouvé à se marier, et ont su plaire à de très-jolies Blanches. C'est assurément un préjugé, même parmi les Savans, que la conformation de leur crâne et que l'angle facial qui le mesure les rende, physiologiquement parlant, moins

susceptibles d'intelligence et de développement
que les races Blanches ; l'expérience , plus forte
que toutes les théories , nous a appris que dans
ces derniers temps même , le général Toussaint-
Louverture avait une tête , quel qu'en fût l'angle
facial , parfaitement intelligente et bien organisée ,
et qu'il avait su donner à ses soldats et au peuple
des trois couleurs de Saint-Domingue , qu'il gou-
vernait parfaitement , une constitution tout aussi
bien calculée que toutes celles qui se sont suc-
cédées en France.

L'histoire n'a pas encore entièrement décidé si
les anciens Egyptiens, que nous regardons comme
les modèles de toutes les civilisations qui leur sont
postérieures , ne sont pas descendus des peuples
noirs de la Nigritie et de l'Éthiopie , contrées con-
nues elles-mème pour avoir été très-anciennement
civilisées , et si les sources du Nil ne sont pas en
mème temps , l'origine des arts , des sciences , de
l'industrie , et de tout ce qui a rendu les chétifs
humains dignes du globe que la Divinité suprême
leur a départi. Quelques Savans ont poussé l'exa-
gération peut-être , jusqu'à dire que le premier
homme fut un Nègre. En attendant qu'on ex-
plique cette énigme , il est toujours certain que
le Sphynx égyptien a une tête de Nègre.

Quoi qu'il en soit de ces trois races d'homme ,

que la cupidité , l'avarice et la tyrannie rassem-
blent sur des points aussi étroits que les îles de
l'Archipel du Mexique , il n'en est pas moins vrai
que leur existence opprimée ou oppressive, récla-
me l'amélioration la plus urgente à leur sort.

L'ancien Système colonial est usé. Il n'est suivi
de la part d'aucune des trois parties intéressées, ni de
la Métropole , ni des Colons , ni des esclaves ; ses résultats offrent chaque jour une perspective de bou-
leversemens et de ruines ; et si l'on ne se hâte d'y
apporter promptement une main bienfaisante et
réparatrice , l'équilibre sera rompu et la catas-
trophe est inévitable ; il faut donc s'empresser de
rétablir cet équilibre , et de modifier autant qu'il
est possible les vices de cette machine qui tombe
de vétusté. M. Malouet avait raison de dire , qu'il
valait mieux la réparer que de la briser tout d'un
coup.

Mais tous les gens sensés ne pourront s'empê-
cher de convenir qu'il est un terme où il faut cé-
der à la force des choses, et qu'il vaut mieux di-
riger le torrent que d'entreprendre de le ramener
vers sa source.

FIN.

www.ingramcontent.com/pod-product-compliance
Lightning Source LLC
Chambersburg PA
CBHW060051090726
47597CB00012B/3603